Collection
PROFIL PRATIQUE
dirigée par Georges Décote

Série
PROFIL 100 EXERCICES
sous la direction de Georges Décote
et Adeline Lesot

Les Fautes
de français
les plus courantes

100 EXERCICES
AVEC CORRIGÉS

CLAUDE MORHANGE-BÉGUÉ
docteur ès lettres

HATIER

Sommaire

Les leçons suivantes sont classées par ordre de difficulté croissante.

© HATIER, PARIS, juillet 1995   ISBN 2-218 **01748-2**

1 | ALLER CHEZ ET ALLER À

> On emploie **aller chez** quand le complément désigne **une personne**.
> — Aller **chez le boucher**.
>
> On emploie **aller à** (*au, aux*) quand le complément désigne **une chose** ou **un lieu**.
> — Aller à la **boucherie**.

EXERCICES

1 *Complétez les phrases suivantes en employant la préposition qui convient au complément placé entre parenthèses.*

— **(Le médecin)**. *Je vais* ...**chez** *le médecin.*
(La poste). *Il va* ...**à** *la poste.*

1. **(Le supermarché)** Allons ....
2. **(Le teinturier)** Va chercher mon manteau ....
3. **(Son père)** Elle est allée ....
4. **(Le dentiste)**. Personne n'aime aller ....
5. **(Le centre commercial)**. Si nous allions ....
6. **(Le stade)**. Ce soir, il ira s'entraîner ....
7. **(Cette soirée)**. Faut-il vraiment aller ....?

2 *Même exercice.*

1. **(Le cabinet médical)**. Elle est allée le chercher ....
2. **(Le coiffeur)**. Allez-vous souvent ....?
3. **(Le boulanger)**. Peux-tu aller..?
4. **(La droguerie)**. N'oublie pas d'aller ....
5. **(Le match de rugby)**. Ils sont tous allés ....
6. **(Le marchand de fruits)**. Êtes-vous déjà allé ....?
7. **(Le bureau de tabac)**. Va m'acheter des timbres ....

4

2 | ALLER À ET ALLER EN

Pour les noms de lieux :

On emploie **aller à** devant :

- Un nom **de ville.**
— *Aller **à** Paris.*

- Un nom **de pays au masculin**
— *Aller **au** Japon.*

On emploie **aller en** devant :

- Un nom de **pays au féminin**
— *Aller **en** Italie.*

- Un nom de **pays au masculin** commençant par une **voyelle**
— *Aller **en** Iran.*

- Un nom **de province**
— *Aller **en** Bourgogne.*

EXERCICE

3 Complétez les phrases suivantes en employant la préposition qui convient au complément placé entre parenthèses.

— **(Irlande).** *Ils sont allés …***en Irlande**
(Athènes). *Irez-vous …***à Athènes** ?

1. *(L'Espagne).* Es-tu déjà allée ....?
2. *(Prague).* Cet été, allons ....!
3. *(La Chine).* J'ai toujours rêvé d'aller ....
4. *(Les États-Unis).* Il n'est pas encore allé ....
5. *(La Russie).* Elles se préparent à aller ....
6. *(Le Burkina-Faso).* Si je pouvais aller ....
7. *(Alger).* Ils sont allés plusieurs fois ....
8. *(La Provence).* Nous allons très souvent ....
9. *(Istanbul).* Nous n'irons pas ....

3 ARTICLE OU ADJECTIF POSSESSIF ?

- **On dit :**
  — *J'ai mal à la tête.*
  Elle lève la main.

On emploie l'article (*le, un, les, aux,* etc...) à la **place** de l'adjectif possessif (*mon, ses, leur,* etc.) quand l'appartenance est évidente.

- **Ne dites pas :**
  — *J'ai mal à ̶m̶e̶s̶ pieds.*

- **Dites** :
  — *J'ai mal aux pieds.*

EXERCICES

4 *Remplacez les pointillés par la forme qui convient.*
— *Elle appuie ... la... tête sur le dossier.*

1. Il a mal .... dos.

2. Nous avons mal à .... gorge.

3. Il a .... nez trop long.

4. J'ai .... doigts engourdis.

5. Elle a .... cheveux blonds.

5 *Indiquez si les phrases suivantes sont correctes (**C**) ou incorrectes (**I**) et corrigez quand il le faut.*
— *J'ai **mes** yeux fatigués. (**I**) → J'ai **les** yeux fatigués.*

1. J'ai **mes** ongles rongés. ....

2. Elle pose **sa** tête sur l'épaule de
   Marc. ....

3. Il tend **la** main pour saisir la lettre. ....

4. Elle se brosse **ses** cheveux. ....

4 DE SUITE ET TOUT DE SUITE

> ● **On dit :**
> ── *Je le fais **tout de suite**.*
>
> ● **Et :**
> ── *J'ai écrit trois pages **de suite**.*
>
> ■ **Tout de suite** signifie : ***immédiatement***.
> ── *Viens ici **tout de suite** !*
>
> ■ **De suite** signifie : ***sans interruption***.
> ── *J'y suis allée deux fois **de suite**.*

EXERCICE

6 *Complétez les phrases suivantes en utilisant **tout
de suite** et **de suite** comme il convient.*

── *Je l'appelle ...* → **tout de suite**.
Il a fait six tours de stade ... → **de suite**.

1. Elle est rentrée ....après la fin
du spectacle.

2. Il l'a vue deux mardis ....

3. Quand elle a vu le manteau, elle est ....
entrée dans le magasin.

4. Nous avons ....su la réponse.

5. J'ai ....remarqué sa
nouvelle coupe de cheveux.

6. J'ai écouté le disque trois fois ....

7. À peine entrée, elle est ....repartie.

8. Je peux manger deux baguettes ....

9. Écris-moi ....

10. Elle est tombée amoureuse deux fois ....

11. Il a ....compris la vérité.

12. Vous y êtes allé quatre fois ....

5 ARTICLES PARTITIFS : DU ET DE

- **On dit :**
—— J'ai **du** bon tabac.

- **Et :**
—— Je n'ai pas **de** feu.

■ L'article partitif **du** (**de la**, **des**) s'emploie quand la phrase est **affirmative** ou **interrogative**.
—— J'ai **du** pain. Avez-vous **de la** confiture ?

■ L'article partitif **de**, (**d'**) s'emploie quand la phrase est **négative**.
—— Je n'ai pas **de** viande.

- **Ne dites pas :**
—— Je n'ai pas du lait.

EXERCICE

7 *Remplacez les pointillés par l'article partitif qui convient.*

—— Vous n'avez pas ...**de**... fromage.

1. Prenez-vous ....lait dans votre café ?

2. Je ne prends jamais ....sucre.

3. Nous n'avons pas eu ....fruits.

4. As-tu ....feu ?

5. Elle n'a pas eu ....chance.

6. Vous avez eu ....viande ?

7. Il a ....courage.

8. Ils ne mangent jamais ....poisson.

9. Elles ont acheté ....marrons.

10. Vous n'avez plus ....allumettes.

11. Voulez-vous ....ratatouille ?

12. Tu ne manques pas ....enthousiasme.

6 | PRÊT À ET PRÈS DE

- **On dit :**
  — *Elle est **prête à** parier.*

- **Et :**
  — *Elle n'est pas **près d'**oublier.*

■ **Prêt à** signifie : ***préparé à, disposé à**.* En tant qu'adjectif, il **s'accorde** en genre et en nombre. Il y a un **accent circonflexe** sur le *e* (**ê**).

■ **Près de** signifie : ***sur le point de**.* C'est une locution **invariable.** Il y a un **accent grave** sur le *e* (**è**).

EXERCICES

8 *Remplacez les pointillés par l'expression qui convient.*

— *Me voici* ...**prêt(e) à**... *vous recevoir.*
Ces roses sont ...**près de**.... *fleurir.*

1. L'orage est ....éclater.

2. Ils ne sont pas ....vous entendre.

3. Ce problème n'est pas ....être résolu.

4. Le feu est ....s'éteindre.

5. Es-tu ....recommencer ?

9 *Indiquez si les phrases suivantes sont correctes (**C**) ou incorrectes (**I**). Corrigez quand c'est nécessaire.*

— *Ils sont **près à** s'excuser.* (**I**)   →   ....**prêts à**............

1. Elle est **près de** terminer. ....

2. Ils seront **près à** vous aider. ....

3. Tu n'es pas **près de** pardonner. ....

4. Êtes-vous **prête à** m'accompagner. ....

5. Je ne suis pas **prêt de** vous suivre. ....

7 | VALOIR ET FALLOIR

- **On dit :**
  — Il **vaut mieux** qu'il parte (= il est **préférable**).
- **Et :**
  — Il **faut** qu'il parte (= il est **nécessaire**).
- **En aucun cas on ne doit dire :**
  — Il ~~faut mieux~~ qu'il parte.

EXERCICES

---

10 Remplacez les expressions soulignées par la forme qui convient.

— Il **sera nécessaire d'**écrire. → **il faudra.**
— Il **serait préférable de** recommencer. → **il vaudrait mieux.**

1. Il **est nécessaire de** le faire. ....
2. Il **serait préférable de** tout lui dire. ....
3. Il **a été nécessaire d'**attendre. ....
4. Ne **serait-il pas préférable de** réfléchir ? ....
5. Il **sera nécessaire d'**agir vite. ....

---

11 Indiquez si les phrases suivantes sont correctes **(C)** ou incorrectes **(I)**. Corrigez quand c'est nécessaire.

— Ne **faudrait-il** pas mieux faire cela ? **(I)** → **Ne vaudrait-il pas mieux ?**

1. Il **faut mieux** ne pas sortir ce soir. ....
2. Il **vaudrait mieux** y retourner. ....
3. Il **faudra** reconsidérer ce problème. ....
4. Il **aurait mieux valu** ne rien dire. ....
5. Ne **faudrait-il pas mieux** les inviter ? ....

8 TENDRE À ET TENTER DE

Tendre à veut dire **avoir tendance à**. La préposition est toujours **à**.
— *Cette mode **tend à** se généraliser.*

Tenter de veut dire **essayer de, s'efforcer de, chercher à, tâcher de.** La préposition est toujours **de**.
— *Elle **tente de** se surpasser.*

EXERCICES

12 *Remplacez les expressions soulignées par la forme* **tendre à** *ou* **tenter de**, *selon le sens.*

— *Le conflit a **tendance à** s'apaiser.* → **tend à**.
*J'**essaierai de** gagner ce match.* → **Je tenterai de**.

1. Ils **s'efforcent de** faire des progrès.
2. Elle **a tendance à** se rabaisser. ....
3. **Essayer de** faire mieux. ....
4. La situation **a tendance à** s'améliorer. ....
5. Il **essaie de** battre son propre record. ....
6. Les pluies **ont tendance à** s'espacer. ....
7. Nous **tâcherons de** ne rien oublier. ....

13 *Même exercice.*

1. Vous **avez cherché à** être le premier. ....
2. On **a parfois tendance à** se surestimer. ....
3. Elles **cherchent à** comprendre. ....
4. Le chômage **a tendance à** s'étendre. ....
5. Les prix **ont tendance à** monter. ....
6. La campagne **a tendance à** disparaître ....

9 | IL FAUT QU'ILS CROIENT, IL FAUT QU'ILS VOIENT.

■ **Croie**, **croient**, **voie**, **voient** sont les seules **formes correctes** du subjonctif présent de **croire** et **voir** à la troisième personne du singulier et du pluriel.

— *Penses-tu qu'elle te **croie** ?*
*Je souhaite qu'ils nous **voient**.*

Toute autre forme est incorrecte.

• **Ne dites surtout pas :**
— *Il faut qu'ils me croyent ou Il faut qu'ils me voyent.*

═══════════ E X E R C I C E S ═══════════

14 *Remplacez les pointillés en employant le verbe **croire** au subjonctif, comme il convient.*

— *Je ne pense pas qu'elles vous* ....**croient**..................

1. Elle a tout fait pour qu'ils la ....

2. Vous craignez qu'il ne vous ....pas.

3. J'ai peur qu'ils ne ....n'importe quoi.

4. À supposer qu'ils vous ...., ils ne cèderont pas.

5. Je voudrais bien qu'elles me ....

6. Je regrette qu'ils ne la ....pas.

15 *Remplacez les pointillés en employant le verbe **voir** au subjonctif comme il convient.*

— *Je veux éviter qu'ils me* ....**voient**..................

1. Pourvu qu'elles vous ....!

2. Nous regrettons qu'ils ne se ....pas plus souvent.

3. Je m'étonne qu'elle ne nous ....pas.

4. J'agite le bras pour qu'ils me ....

5. Levez-vous afin que l'on vous ....

6. Je préfèrerais qu'il ne me ....pas dans cet état.

10 SOI-DISANT

- **On dit :**
  —— Ce **soi-disant** *inventeur*. Cette **soi-disant** *actrice*.

■ **Soi-disant** veut dire : *se disant soi-même.*

- **N'écrivez pas :**
  —— ce ~~soit disant~~ *grand homme*.

- **Écrivez :**
  —— Ce **soi-disant** *grand homme*.

■ **Soi-disant** est **invariable.** Il n'a donc ni féminin ni pluriel.

- **Ne dites pas :**
  —— Cette ~~soi-disante~~ *chanteuse*.

- **Dites :**
  —— Cette **soi-disant** *chanteuse*.

EXERCICE

16 *Indiquez si l'orthographe des mots soulignés est correcte **(C)** ou incorrecte **(I)**. Corrigez quand c'est nécessaire.*

—— Une **soit-disant** *chanteuse*. *(I)* → ....**soi-disant**...........

1.	Un **soi-disant** prestidigitateur.	....
2.	Un **soit-disant** aviateur.	....
3.	Une **soi-disante** étudiante.	....
4.	Une **soi-disant** infirmière.	....
5.	Un **soi-disant** malvoyant.	....
6.	Une **soit-disant** actrice.	....
7.	Des **soi-disant** bienfaiteurs.	....
8.	Un **soit-disant** extra-terrestre.	....
9.	Une **soi-disante** accordéoniste.	....
10.	Des **soi-disants** athlètes.	....
11.	Un **soit-disant** guitariste.	....

11   Soi-disant et Prétendu

- **On dit :**
  — *Ce soi-disant inventeur.*

- **Et :**
  — *Cette prétendue découverte.*

■ On emploie **soi-disant** pour désigner **une personne** (capable de parler de **soi**).

■ On emploie **prétendu(e)** pour **un animal, une chose** ou **une idée**.

- **Ne dites pas :**
  — *Cette ~~soi-disant~~ réussite.*

- **Dites :**
  — *Cette prétendue réussite.*

EXERCICE

17 *Remplacez les pointillés par l'expression qui convient :* **soi-disant** *ou* **prétendu(e)**.

— Ce ...**soi-disant**... magicien.
   Une ...**prétendue**... bonne idée.

1. Un ....patriote.
2. Une ....bonne affaire.
3. Notre .... champion.
4. Votre ....réussite.
5. Une...................................... vedette de premier plan.
6. La .... liberté d'expression.
7. Ce ....héros.
8. Son ....échec.
9. Cette ....grande artiste.
10. Un ....rabais.
11. Leur ....libéralisme.

- **On ne dit pas :**
  —— *Il a répondu* ~~pareil.~~

- **On dit :**
  —— *Il a répondu* **la même chose.**
  Il a répondu **de la même façon.**

■ On **ne doit pas** employer **pareil** si on peut le remplacer par : *la même chose, de la même façon, de la même manière, également.*

■ On **peut** employer **pareil (le)** s'il est adjectif et peut être remplacé par : *le même, semblable, identique.*
  —— *Sa montre est* **pareille** *que la tienne (ou* **pareille** *à la tienne).*

EXERCICE

18 *Dans les phrases suivantes, indiquez si l'emploi de **pareil** est correct (**C**) ou incorrect (**I**). Corrigez quand c'est nécessaire et remplacez par l'expression qui convient.*

—— *Il a fait* **pareil.** (**I**) → *Il a fait* **la même chose.**
Vous êtes tous **pareils.** (**C**)

1. Il a dit **pareil** qu'elle. ....

2. Il nous a tous traités **pareil.** ....

3. Elle a une robe **pareille** à de la soie. ....

4. Je suis **pareil** à un roi. ....

5. Elle mange **pareil** que les Chinois. ....

6. Il ne vit pas **pareil.** ....

7. Son stylo ressemble au mien,
il est **pareil.** ....

8. Je ne suis pas **pareille** que toi. ....

9. Nous n'avons pas agi **pareil.** ....

10. Tu fais toujours **pareil.** ....

13 | Savoir conjuguer LE VERBE Acquérir

- **On dit :**
  — J'ai **acquis** une maison.
    On **acquiert** de l'expérience.

▪ Le verbe **acquérir** se conjugue **au présent** de la façon suivante :
  — J'acquiers   Nous acquérons
    Tu acquiers   Vous acquérez
    Il (elle) acquiert   Ils (elles) acquièrent

- **Au passé composé**, on dit :
  — J'ai acquis, etc.

E X E R C I C E

---

19 *Dans les phrases suivantes, remplacez les pointillés par la forme du verbe **acquérir** qui convient.*

— Nous ...**acquérons**... peu à peu la sagesse.
  Tu as ...**acquis**... la maîtrise de cet instrument.

1. Chacun ....les connaissances qui lui conviennent.

2. Est-ce que tu ....vraiment de l'expérience ici ?

3. Nous avons ....un petit bateau.

4. Les enfants ....peu à peu le sens de la vie en société.

5. Avez-vous ....les mécanismes fondamentaux de l'anglais ?

6. Nous n'avons rien ....dans ce domaine.

7. On ....toujours quelque chose si on se donne du mal.

8. Elle a ....très tôt le sens des responsabilités.

9. Les jeunes ....vite leur autonomie.

4 SAVOIR CONJUGUER LE VERBE RÉSOUDRE

- **On dit :**
  — *Elle **résout** vite ses équations.*
  ***As**-tu **résolu** ce problème ?*

■ Le verbe **résoudre** se conjugue **au présent** de la façon suivante :

— *Je résous*	*Nous résolvons*
Tu résous	*Vous résolvez*
Il (elle) résout	*Ils (elles) résolvent*

- **Au passé composé**, on dit : ·
  — *J'ai résolu, nous avons résolu, etc.*

■ **Se résoudre** à la forme pronominale se conjugue **au présent** :
  — *Je me résous, etc.*

- **Au passé composé :**
  — *Je me suis résolu, nous nous sommes résolu(es), etc.*

EXERCICE

20 *Dans les phrases suivantes, remplacez les pointillés par la forme du verbe **résoudre** qui convient.*

— *Le feu …**résout**… tout en cendres.*
*Nous nous sommes …**résolus**… à partir.*

1. Les organismes internationaux .... bien peu de conflits.

2. Il s'est ....à tout recommencer.

3. Vous ....très facilement vos difficultés.

4. Ce détective ne ....pas tous les mystères.

5. Je ne me ....jamais à partir.

6. J'ai ....de ne pas y aller.

7. Nous avons fait ce que nous avons ....

15 | À OU DE APRÈS UN ADJECTIF ?

- **On dit :**
— *Nous sommes différents **de** lui.*

- **Et :**
— *Nous sommes semblables **à** elle.*

Ces deux adjectifs ne se **construisent pas** avec la **même préposition**.

■ Voici quelques adjectifs qui se construisent avec **la préposition à** suivie d'un nom ou d'un pronom :
(in)accessible, antérieur, attaché, conforme, contraire, étranger, exposé, favorable, inférieur, (in)utile, opposé, prêt, semblable, supérieur.
— *Il est prêt **à** tout.*

■ Voici quelques adjectifs qui se construisent **avec la préposition de** suivie d'un nom ou d'un pronom :
accusé, assuré, (in)capable, (in)certain, chargé, (in)connu, (in)conscient, dénué, désireux, (in)digne, exempt, honteux, impatient, privé, proche, plein, rempli, soucieux, sûr, vide.
— *Il est incapable **d'**efforts.*

E X E R C I C E S

21 *Remplacez les pointillés par la préposition qui convient.*

— *Cet exercice est accessible ...**à**... tous.*
*Ses règles sont connues ...**de**... vous.*

1. Il est accusé ....vol.

2. Vous êtes digne ....éloges.

3. Il est étranger ....la culture de ce pays.

4. Cet athlète est capable ....un effort soutenu.

5. Vous êtes complètement inconscient ....danger.

6. Cet enfant a été exposé ....trop de souffrances.

1. Il est très soucieux ....son avenir.
2. Elle est très semblable ....moi.
3. Êtes-vous sûr ....l'exactitude de ses observations ?
4. Il a un caractère opposé ....celui de son frère.
5. Nous sommes très proches ....lui.
6. Il est prêt ....tout.
7. La IVème République est antérieure ....la Vème.

---

23 *Remplacez les pointillés par la préposition qui convient.*

― *Il n'est pas habitué ...**à**... ce climat.*
*Elle est affamée ...**d'**... honneurs.*

1. Elle est accoutumée ....un autre mode de vie.
2. Il est fou ....musique.
3. Mais il est dépourvu ....talent.
4. Tu seras enclin ....l'hésitation.
5. Mais tu seras étonné ....la beauté des paysages.
6. Ils sont prompts ....la bagarre.
7. Ils sont ouverts ....la discussion.

---

24 *Même exercice.*

1. Vous êtes prodigue ....votre temps.
2. Je suis mécontente ....mes résultats.
3. Elles sont imperméables ....la moquerie.
4. Ils sont avides ....biens matériels.
5. Nous sommes las ....la monotonie quotidienne.
6. Soyez très attentifs ....mes paroles.

16 | À OU DE APRÈS UN NOM ?

- **On dit :**
— *Le fiancé **de** ma sœur.*

- **Et :**
— *Une boîte **à** musique.*

Quand deux noms sont unis par une préposition, le second est le **complément du nom**.

- Si ce complément du nom exprime **la possession** ou **un lien** entre des personnes, la préposition est obligatoirement **de**.
— *La bicyclette **de** mon frère.*
*L'amie **de** mon cousin.*

- **Ne dites pas :**
— *Le stylo ~~à~~ ma mère.*
La sœur ~~à~~ mon ami.

- **Dites :**
— *Le stylo **de** ma mère.*
*La sœur **de** mon ami.*

EXERCICE

25 *Dans les phrases suivantes, indiquez si l'emploi de la préposition est correct (**C**) ou incorrect (**I**). Corrigez quand c'est nécessaire.*

— *Les skis **à** mon père.* (**I**) → **de**

1. La moto **à** mon père. ....
2. Le professeur **à** ma cousine. ....
3. La nièce **de** mon amie. ....
4. Le mari **à** ma tante. ....
5. La chambre **de** mes parents. ....
6. L'ordinateur **de** ma sœur. ....
7. Le moulin **à** café. ....

7 | À OU DE APRÈS UN VERBE ET AVANT UN INFINITIF ?

- **Il faut dire :**
  ___ *Inviter un ami **à** venir.*

- **Et :**
  ___ *Prier un ami **de** venir.*

Ces deux verbes ne se **construisent** pas avec la **même préposition**.

Voici quelques verbes qui se construisent avec **à + infinitif** : *s'appliquer, arriver, s'attacher, chercher, se décider, s'employer, encourager, hésiter, inciter, s'obstiner, parvenir, persister, pousser, provoquer, renoncer, réussir, se risquer, songer, veiller, viser.*

Voici quelques verbes qui se construisent avec **de + infinitif** : *cesser, conseiller, convenir, craindre, décider, défendre, désespérer, dissuader, empêcher, entreprendre, envisager, essayer, s'étonner, se garder, menacer, négliger, oublier, persuader, prier, promettre, recommander, reprocher, risquer.*

═══════════ EXERCICES ═══════════

26 *Remplacez les pointillés par la préposition qui convient.*
___ *Nous cherchons ...**à**... revenir dans notre pays.*
  *Elles craignent ...**d'**... avoir trop peu de temps.*

1. Je l'ai incité .... essayer.

2. Elle a cessé .... m'écrire.

3. Cet homme s'emploie .... leur faciliter les formalités.

4. Songez .... faire ce qu'il vous a demandé.

5. Nous l'avons dissuadée .... abandonner.

6. Envisagez-vous .... poursuivre vos études ?

27 *Même exercice.*

1. Il m'a reproché ....ne pas l'aider !
2. N'hésitez pas ....me demander de l'argent !
3. Ils m'ont encouragée ....poser ma candidature.
4. Promettez-leur ....revenir l'année prochaine.
5. Il risque ....ne pas y penser.
6. Il faut l'empêcher ....recommencer.
7. S'il persiste ....pleuvoir, il faudra
   renoncer ....faire cette sortie.

---

28 *Remplacez les pointillés par la préposition qui convient. Tous les verbes ne figurent pas dans l'encadré.*

—— *Il se condamne* ...**à**... *toujours échouer.*
Félicitez-vous ...**d'**... *avoir guéri.*

1. Il faut qu'il décide ....s'en tenir à une conduite précise.
2. Est-ce que tu t'es déterminée ....faire quelque chose ?
3. Je songe ....revenir dans mon pays.
4. Ne rêvez-vous pas ....partir en vacances ?
5. Je vais essayer ....recommencer.
6. Elle cherche ....améliorer son style.
7. Ils vont tenter ....battre leur record.

---

29 *Même exercice.*

1. Il se retient ....se fâcher.
2. Tu peux t'autoriser ....relâcher tes efforts.
3. Me promets-tu ....essayer ?
4. Ils se sont engagés ....ne plus recommencer.
5. Consentiriez-vous ....retourner là-bas ?
6. Sais-tu si elles ont accepté ....travailler le dimanche ?

8 L'ALTERNATIVE : SOIT ... SOIT

Soit signifie **ou bien**. Il ne s'emploie **jamais seul**.
On doit toujours **répéter soit** devant le deuxième
terme de **l'alternative** ou du **choix**.
— *Je viendrai **soit** lundi **soit** mardi.*

On ne peut employer aucun autre terme.

● **Ne dites pas :**
— *Soit lundi ~~ou bien~~ mardi.*

EXERCICE

30 *Modifiez les expressions soulignées en employant*
soit... soit *pour marquer l'alternative.*

— *Prenez **un crayon ou un stylo**.*
   → ***Soit** un crayon **soit** un stylo.*

— ***Elle m'écrit, ou elle me téléphone***.
   → ***Soit** elle m'écrit, **soit** elle me téléphone.*

1. Achète-moi des ***pommes ou bien des poires***.

   → ....

2. ***Ou bien il accepte, ou bien il refuse***.

   → ....

3. Je viendrai ***en autobus ou en métro***.

   → ....

4. C'est ***peut-être elle, peut-être lui***.

   ....

5. Elle ira ***en clinique ou à l'hôpital***.

   → ....

6. Décidez-vous : dites-leur ***oui ou non***.

   → ....

7. Nous le lirons ***ou ce soir ou demain***.

   → ....

19 | **TOUT LE MONDE ET LA PLUPART**

- **On dit :**
  —— *Tout le monde sort* le samedi soir.

- **Et :**
  —— *La plupart* des gens *sortent* ce jour-là.

Tout le monde et **la plupart** sont des expressions à **sens collectif**, désignant un groupe de gens. Mais elles n'ont pas la même construction.

- **Tout le monde** se construit avec un **verbe au singulier**.
  —— *Tout le monde a* faim.

- **La plupart** se construit avec un **verbe au pluriel**.
  —— *La plupart ont* soif.

—————— E X E R C I C E ——————

31 *À partir du verbe indiqué en tête de phrase, remplacez les pointillés par la forme qui convient.*

—— **(Être)** : *Tout le monde ...**est**... content*
   (S'impatienter) : *La plupart ...**s'impatientent**....*

1. **(Aimer)** : Tout le monde ....les vacances.

2. **(Faire)** : La plupart des jeunes ....du sport.

3. **(Aller)** : La plupart ....à la piscine.

4. **(Se promener)** : Tout le monde ....
   dans cette ville.

5. **(Connaître)** : Tout le monde ....Astérix.

6. **(Se déguiser)** : La plupart des enfants ....
   avec joie.

7. **(Rentrer)** : Tout le monde ....plus tard en été.

8. **(Finir)** : La plupart ....leur travail de bonne heure.

9. **(Paraître)** : Tout le monde ....joyeux.

Chaque (adjectif indéfini) et **chacun** (pronom indéfini)
n'ont pas de pluriel. **Ils ne prennent jamais d's.**

● Le nom, le pronom, l'adjectif et le verbe qui les
accompagnent sont obligatoirement au **singulier.**
—— *Chaque matin est nouveau.*
Chacun va où il veut.
Chacun vient seul.

● L'adjectif et le pronom possessif qui leur sont
associés sont ceux de la **3ème personne du
singulier.**
—— *Chacun apporte sa chaise.*
Chaque invité aura la sienne.

════════ EXERCICES ════════

32 *Récrivez les expressions soulignées en remplaçant*
***tous (les) / toutes (les)** par **chaque** ou **chacun(e)** et*
en faisant les accords qui conviennent.

—— **Tous les** visiteurs **conserveront leur** billet.
→ ***Chaque** visiteur **conservera son** billet.*
*Il faut demander à **tous leurs** réactions.*
→ *Il faut demander à **chacun ses** réactions.*

1. **Toutes ont eu leur** part de gâteau.

→ ....

2. **Tous les hommes ont leurs** croyances.

→ ....

3. **Tous reviendront** avec **leurs** amis.

→ ....

4. **Elles utiliseront toutes leur** propre stylo.

→ ....

5. **Ont-elles toutes le leur** ?

→ ....

6. ***Tous ont leur*** mot à dire.

→ ....

7. ***Tous seront responsables*** de ***leurs*** affaires.

→ ....

8. ***Tous les jours apportent leur*** lot de peines et de joies.

→ ....

9. ***Ils sont tous occupés*** à préparer ***leur*** sac.

→ ....

10. Demandez à ***tous*** quels sont ***leurs*** projets.

→ ....

---

33 *Remplacez les pointillés par l'adjectifs possessif qui convient.*

— *À chaque jour suffit* ...**sa**... *peine !*
  Que chacun regagne ...**sa**... *place.*

1. Que chacun donne ....avis.
2. Chacun doit prendre ....responsabilités.
3. Chacun ....tour !
4. Chaque jour a ....surprises.
5. Chaque candidat doit déposer ....carte.
6. À chacun selon ....besoins !
7. Chacun recevra ....bulletin de vote.

---

34 *Même exercice.*

1. Que chacune d'entre vous présente ....travail !
2. Chaque enfant tenait ....mère par la main.
3. Chacun recevra ....résultats par la poste.
4. Chacun a-t-il reçu ....courrier ?
5. Que chacun me rende ....copie !
6. Il faudra que chacun apporte ....déjeuner.

MOI QUI SUIS ET NOUS QUI SOMMES

Après ***moi qui***, le verbe se met toujours à la **première personne du singulier**.
___ *Je suis venu* → ***C'est moi qui suis venu.***

Après ***nous qui***, le verbe se met toujours à la **première personne du pluriel**.
___ *Nous sommes venus* → *C'est **nous qui sommes venus**.*

Toute autre forme est incorrecte.

● **Ne dites pas** :
___ *C'est nous ~~qu'on~~ est venus.*

EXERCICE

35 *À partir du verbe indiqué en tête de phrase, remplacez les pointillés par la forme verbale qui convient.*

___ **(Aller)** : *C'est moi qui ...**vais**... à Quimper.*
(Venir) : *C'est nous qui ...**viendrons**... demain.*

1. ***(Revenir).*** C'est moi qui ....de vacances.

2. ***(Aller).*** C'est nous qui ....au cinéma ce soir.

3. ***(Être).*** C'est moi qui ....la plus grande.

4. ***(Gagner).*** C'est nous qui ....toujours le match.

5. ***(Être).*** C'est nous qui ....les plus habiles.

6. ***(Avoir)*** C'est nous qui ....la meilleure équipe.

7. ***(Aller).*** C'est moi qui ....au stade mercredi.

8. ***(Faire).*** C'est moi qui ....le repas demain soir.

9. ***(Prendre).*** C'est nous qui ....le métro.

10. ***(Faire).*** C'est nous qui ....les exercices.

11. ***(Obtenir).*** C'est moi qui ....les meilleurs résultats hier.

▌ **Nous** est un pronom **pluriel**. Le verbe qui l'accompagne est au pluriel, le pronom d'insistance *(nous, nous-mêmes)* est aussi au **pluriel**.
—— *Nous, nous sommes* ici.
Nous faisons cela *nous-mêmes*.

▌ **On** est un pronom **singulier**, même si son sens est collectif. Le verbe qui l'accompagne est au singulier, le pronom d'insistance (**soi-même**) est aussi au singulier.
—— *On doit* faire cela *soi-même*.

Il est préférable de ne pas mélanger les deux séries.

● **Évitez de dire :**
—— ~~nous, on est~~.

────────── E X E R C I C E ──────────

36 *Remplacez les pointillés par les formes qui conviennent :*

—— *Nous, ...***nous***...écrivons...***nous***..-mêmes notre journal.*
*....***On***...fait tout mieux...***soi***..-même.*

1. ....devons juger par ....-mêmes.

2. ...., ... pouvons venir ....-mêmes à votre rencontre.

3. .... sommes heureux de l'avoir fabriqué ....-mêmes.

4. .... comprenons ....-mêmes que c'est impossible.

5. .... est satisfait de ce qu'............ a inventé ....-même.

6. Nous, ... allons ....-mêmes faire du ski.

7. .... savons nous débrouiller ....-mêmes.

Avec **nous**, on emploie les adjectifs et les pronoms possessifs **notre, nos, le nôtre, la nôtre, les nôtres.**
— *Nous faisons notre propre pain.*
Nous, nous préférons le nôtre.

Avec **on**, on emploie les adjectifs et les pronoms possessifs **son, sa, ses, le sien, la sienne, les siens, les siennes.**
— *On utilise son propre stylo.*
On a chacun le sien.

On ne peut mélanger les deux séries.

● **Ne dites pas :**
— *On emploie chacun le ~~nôtre~~.*

E X E R C I C E

37 *Remplacez les pointillés par les pronoms personnels et les pronoms et adjectifs possessifs qui conviennent.*

— *Nous,* ...**nous**... *prenons* ...**notre**... *voiture.*
...**On**... *prend chacun* ...**la sienne**...

1. .... achetons .... ticket au guichet.

2. .... rédigeons ....-mêmes .... conclusions.

3. Nous .... servons de .... balles, nous préférons les ....

4. .... ne choisit pas toujours ....-même .... chemin.

5. Nous .... réjouissons de .... réussite.

6. .... faisons ....-mêmes .... courses.

7. .... hésite à faire ....-même .... propre malheur.

24 | La restriction : Ne... que

Ne ... que veut dire *seulement*, il exprime la restriction.
___ Je *n'*ai *qu'*un seul devoir à faire.

Les deux termes **ne** et **que** sont obligatoires, il faut absolument employer **ne**.

- **Ne dites pas :**
___ Il ~~m'a donné~~ qu'une seule lettre.

- **Dites :**
___ Il **ne** m'a donné **qu'**une seule lettre.

On oublie facilement d'employer **n'** avec le pronom **on** suivi d'une voyelle.

- **N'écrivez pas :**
___ ~~On est~~ jeune qu'une fois.

- **Écrivez :**
___ **On n'**est jeune **qu'**une fois.

E X E R C I C E

---

38 *Mettez les phrases suivantes à la forme restrictive.*

___ *Elle a un frère → elle **n'**a **qu'**un frère.*
*On a pensé à s'enfuir → on **n'**a pensé **qu'**à s'enfuir.*

1. Il a fait son devoir. ....

2. Je t'écrirai une fois. ....

3. Elle y a passé deux jours. ....

4. Vous arriverez demain. ....

5. L'autocar passe le matin. ....

6. C'est le bruit de la mer. ....

7. Il est trois heures. ....

8. Nous sommes le 27 mai. ....

9. Ils ont quinze ans. ....

5 NE... QUE OU SEULEMENT

- **Il faut dire :**
 — *Je **n'**ai **qu'**à parler.*

- **Ou :**
 — *J'ai **seulement** à parler.*

Ne... que et **seulement** ont le **même sens**. On ne doit donc pas les employer ensemble.

- **Ne dites pas :**
 — *On n'a seulement qu'à apprendre.*

- **Dites :**
 — *On **n'**a **qu'**à apprendre.*

- **Ou :**
 — *On a **seulement** à apprendre.*

EXERCICE

39 *Récrivez les phrases suivantes en remplaçant **ne... que** par **seulement** et **seulement** par **ne... que**.*

— *J'ai **seulement** à téléphonner.* → *Je **n'**ai **qu'**à téléphoner.*

1. Elle **ne** boit **que** de l'eau.

→ ....

2. Elle parle **seulement** le russe.

→ ....

3. Il **n'**écoute **que** du rock.

→ ....

4. Nous aimons **seulement** le cinéma.

→ ....

5. Elles font **seulement** du ski de piste.

→ ....

6. Vous **ne** vous intéressez **qu'**aux vacances.

→ ....

- **On dit :**
  — *Je **ne** le vois **plus** ; tu **ne** m'as **rien** dit ;
  elle **ne** m'écrit **jamais** ; nous **ne** l'aimons **guère** ;
  il **ne** voit **personne**.*

■ **Plus, rien, jamais, guère, personne** sont toujours **précédés** ou **suivis** de la négation **ne**.

- **Ne dites jamais :**
  — *J'ai jamais vu ce film.*

- **Dites :**
  — *Je **n'**ai **jamais** vu ce film.*

E X E R C I C E

40 *Mettez les phrases suivantes à la forme négative en employant l'expression entre parenthèses.*

— **(Plus)**. *Je les attends →Je **ne** les attends **plus**.*

1. **(Jamais)**. Tu te laves les mains. ....

2. **(Plus)**. Nous y allons. ....

3. **(Guère)**. Ce jeu les tente...

4. **(Jamais)**. Vous l'avez rencontré. ....

5. **(Personne)**. J'écoute...

6. **(Rien)**. Tu sais. ....

7. **(Personne)**. Il aime. ....

8. **(Rien)**. Elles verront...

9. **(Jamais)**. Elle en parle...

10. **(Rien)**. Il entend...

11. **(Guère)**. J'y crois. ....

12. **(Plus)**. J'y suis. ....

7 | ON SUIVI DE LA NÉGATION

> ● **Il faut dire :**
> —— *On **ne** voit **pas** Saturne. On **n'**aime **pas** la pluie.*
>
> ▍ Quand on emploie **on** avec un verbe à la forme négative, il ne faut pas oublier **ne**. Quand le verbe commence par une **voyelle**, **ne** devient **n'**. On oublie souvent **n'** parce qu'il se confond à l'oral avec la liaison.
>
> ● **N'écrivez pas :**
> —— *On ~~est~~ pas sûr.*
>
> ● **Écrivez :**
> —— *On **n'**est **pas** sûr.*
>
> ▍ Pour mieux distinguer la négation et la liaison, remplacez **on** par **je**.
> —— *On **n'**a rien pu faire (= **Je n'**ai rien pu faire) → **n'**.*

EXERCICES

41 *Mettez les phrases suivantes à la forme négative.*
—— *On a vu l'éclipse → On **n'a pas** vu l'éclipse.*

1. On est pressé d'arriver. ....

2. On aura froid. ....

3. On écoute la radio. ....

4. On a eu envie de revenir. ....

5. On hésite à le dire. ....

42 *Même exercice.*

1. On entre dans cette pièce. ....

2. On imagine l'avenir. ....

3. On aime attendre ....

4. On avait faim. ....

43 *Indiquez si les phrases suivantes sont correctes (C) ou incorrectes (I). Corrigez quand c'est nécessaire.*

— *On **est** jamais pressé. (**I**). → On **n'**est jamais pressé. On **n'a** rien vu. (**C**).*

1. On attend personne. ....

2. On n'arrive pas à sortir. ....

3. On est pas là. ....

4. On espère toujours. ....

5. On oublie jamais. ....

6. On a jamais eu aussi peur. ....

7. On a pas soif. ....

8. On n'est pas fatigué. ....

9. On n'ouvre à personne. ....

10. On a rien à faire. ....

11. On y va pas sans toi. ....

12. On entend rien. ....

44 *Même exercice.*

1. On aimerait bien venir. ....

2. On a pas de temps. ....

3. On y voit rien. ....

4. On imagine mal la suite. ....

5. On n'avance plus. ....

6. On a jamais autant ri. ....

7. On entrera pas. ....

8. On est tous partis. ....

PERSONNE SUIVI DE LA NÉGATION

> ● **On dit :**
> ___ *Personne **ne** voit bien la nuit.*
> *Personne **n'**est content d'être malade.*
>
> **Personne** est toujours suivi de **ne**, ou de **n'** si le verbe commence par une **voyelle**.
>
> ● **Ne dites pas :**
> ___ *Personne ~~est~~ venu.*
>
> ● **Dites :**
> ___ *Personne **n'**est venu.*

EXERCICES

45 *Mettez les phrases suivantes à la forme négative en employant **personne**.*

___ *Quelqu'un a sonné.* → ***Personne n'**a sonné.*

1. Quelqu'un t'écoute. → ***Personne*** ....
2. Quelqu'un ouvrira la porte. → ***Personne*** ....
3. Quelqu'un a vu ce film. → ***Personne***...................................
4. Quelqu'un m'attend. → ***Personne***.......................................
5. Quelqu'un est en bas. → ***Personne***.....................................

46 *Indiquez si les phrases suivantes sont correctes (**C**) ou incorrectes (**I**). Corrigez quand c'est nécessaire.*

___ *Personne **a** rien vu. (**I**)* → *Personne **n'**a rien vu.*

1. Personne a été malade. ....
2. Personne n'ira le voir. ....
3. Personne a eu soif. ....
4. Personne osera lui dire. ....
5. Personne n'est parfait. ....

29 | L'EMPLOI DE : Y

> ■ **Y** est l'équivalent de **à cet endroit, en ce lieu, dans..., en..., sur....**
> ___ *Je vais à la plage demain.* → *J'y vais demain.*
>
> ■ **Y** ne doit donc pas être employé avec un complément introduit par **à, dans, en, sur,** ni avec le pronom relatif **où,** car les deux mots feraient alors **double emploi**.
>
> - **Ne dites pas :**
> ___ *Au Louvre j'y ai vu la Joconde.*
>   **mais** → *j'ai vu la Joconde.*
>   *La ville où elle aimerait y vivre.*
>   **mais** → *où elle aimerait vivre.*

EXERCICE

47 *Dans les phrases suivantes, indiquez si les expressions soulignées sont correctes (**C**) ou incorrectes (**I**). Corrigez-les quand c'est nécessaire.*

___ *Au lycée, **j'y ai** beaucoup d'amis.* (**I**)→ *Au lycée, **j'ai** ......*

1. À la campagne, ***on y croise*** des tracteurs.

→ ....

2. Dans le train, ***j'y ai rencontré*** un ami.

→ ....

3. La boutique ***où il achète*** des disques.

→ ....

4. Dans ce domaine, ***vous y trouverez*** des possibilités.

→ ....

5. À la télé, ***on y voit*** parfois de vieux films.

→ ....

6. Dans cette œuvre, ***on y retrouve*** la présence de l'auteur.

→ ....

O **QUE OU DONT ?**

Faut-il employer **que** ou **dont** dans une proposition relative ?

Certains verbes se construisent avec un **complément d'objet direct** (= verbes transitifs).

- **Ils appellent le pronom relatif que.**
  J'écoute la radio → La radio **que** j'écoute.

Certains verbes se construisent avec **la préposition de**.

- **Ils appellent le pronom relatif dont.**
  Je parle **de** mes vacances. → Les vacances **dont** je parle.

EXERCICES

48 _Récrivez les phrases suivantes en utilisant **que** ou **dont** comme il convient._

J'ai vu ce film → Le film **que** j'ai vu.
Il m'a parlé de ce livre → Ce livre **dont** il m'a parlé.

1. Tu te méfies de cette femme.

   → **La femme** ....

2. Elle attend un télégramme.

   → **Le télégramme** ....

3. Je me chargerai de ce travail.

   → **Le travail** ....

4. Il s'est accusé d'une faute.

   → **La faute** ....

5. J'ai choisi un cadeau pour vous.

   → **Le cadeau** ....

6. Je te félicite de tes résultats.

   → **Tes résultats** ....

49 *Même exercice.*

1. Il a rougi de votre réaction.

   → **Votre réaction** ....

2. Nous redoutons une catastrophe.

   → **La catastrophe** ....

3. Elles sont dispensées de cette épreuve.

   → **L'épreuve** ....

4. Je vous ai avertis de ce danger.

   → **Le danger** ....

5. Ils ont entrepris un chantier.

   → **Le chantier** ....

---

50 *Remplacez les pointillés par le pronom relatif qui convient.*

—— *La manière* ...**dont**... *elle agit me plaît.*
Le problème ...**que**... *tu poses est complexe.*

1. C'est un malentendu ....je regrette vraiment.

2. C'est quelqu'un .... on m'a beaucoup parlé.

3. Voici le livre ....elles ont tellement aimé.

4. Sais-tu où est l'écharpe ....il m'a prêtée ?

5. Que pensez-vous de la façon ....ils se conduisent ?

---

51 *Même exercice.*

1. C'est un musicien ....le talent est remarquable.

2. Voici un pas ....nous connaissons bien.

3. Voici les enfants ....vous serez responsable.

4. La dispute ....tu as provoquée n'est pas grave.

5. C'est un outil ....vous savez vous servir.

1 DONT OU AUQUEL ?

Faut-il employer **dont** ou **auquel** dans une proposition relative ?

■ Certains verbes et certains adjectifs se construisent avec **la préposition de**.

- Ils appellent le **pronom relatif dont**.

___ *Je me sers **d'**un outil.* → *L'outil **dont** je me sers.*
*Elle est capable **d'**efforts.* → *Les efforts **dont** elle est capable.*

■ Certains verbes et certains adjectifs se construisent avec **la préposition à**.

- Ils appellent le **pronom relatif auquel** ou **à laquelle** ou **auxquel(le)s**.

___ *Il pense **à** ce sujet.* → *Le sujet **auquel** il pense.*
*Tu es habitué **à** la paresse.* → *La paresse **à laquelle** tu es habitué.*

EXERCICES

52 *Récrivez les phrases suivantes en utilisant le pronom relatif qui convient.*

___ *Je me glorifie **de** mes performances.*
→ *Les performances **dont** je me glorifie.*
*Elle s'est attachée **à** ce poste.*
→ *Ce poste **auquel** elle s'est attachée.*

1. Tu t'appliques à ton travail.

› **Le travail** ....

2. Elles ont conscience de leur valeur.

› **La valeur** ....

3. Il vous invite à une soirée.

› **La soirée** ....

4. Elle est fidèle à ses opinions.

› **Les opinions** ....

53 *Même exercice.*

1. Il vient d'un autre collège.

→ *Le collège* ....

2. Tu te dévoues à tes amis.

→ *Les amis* ....

3. C'est conforme à l'usage.

→ *L'usage* ....

4. Vous faites preuve de courage.

→ *Le courage* ....

5. Il s'expose à un grand danger.

→ *Le grand danger* ....

6. Il est enchanté de mes projets.

→ *Les projets* ....

7. Elles sont assurées de l'avenir.

→ *L'avenir* ....

54 *Indiquez si les phrases suivantes sont correctes (C)*
ou incorrectes (I) et corrigez quand il le faut.

── *La patience* **à laquelle** *tu m'incites. (C)*
La chaleur **dont** *tu es sensible. (I)* → *à laquelle*

1. Une histoire *dont* il est curieux. ....

2. Une suggestion *dont* elle reste sourde. ....

3. Une tâche *à laquelle* je me charge. ....

4. Des souvenirs *dont* tu te complais. ....

5. Un résultat *dont* elles se réjouissent. ....

6. Un acte *auquel* il se repent. ....

7. Un choix *dont* ils se félicitent ....

8. L'entraînement *dont* il s'obstine. ....

9. La moquerie *dont* vous souffrez. ....

10. Le chat *auquel* je suis attachée. ....

3 L'EMPLOI DE : CE DONT

Dans une proposition relative, on emploie **ce dont** lorsque le verbe se construit avec **de**.
___ *Rappelez-vous **ce dont** je vous ai parlé.*
→ *(= Je vous ai parlé **de cela**, rappelez-vous).*

Les locutions verbales comme ***avoir besoin de, avoir envie de, avoir honte de, avoir peur de,*** etc. sont obligatoirement construites **avec le relatif ce dont**.

- **Dites :**
___ *Apporte-moi **ce dont** j'ai besoin.*

- **Ne dites pas :**
___ *Apporte-moi ce que j'ai besoin.*

EXERCICE

58 *Complétez les phrases suivantes en employant **ce dont** et le verbe que vous trouverez en tête de phrase.*

___ **(Avoir envie)** *Tout* ...**ce dont**... *il* ...**a envie**..., *c'est voyager.*

1. ***(Avoir l'air)*** : Voici .... elle...............................

2. ***(Avoir honte)*** : Dis-moi..................tu ....

3. ***(Avoir besoin)*** : Tout ....vous.............................
   ...., vous l'obtiendrez.

4. ***(Avoir peur)*** : Expliquez-nous ....vous ....

5. ***(Avoir envie)*** : Ignorez-vous....................elle ....?

6. ***(Avoir peur)*** :.................................il.........................., c'est de perdre le match.

7. ***(Avoir envie)*** : ....nous ...., nous ne l'avons pas toujours.

8. ***(Avoir le regret)*** : ....vous ...., vous pourrez peut-être le modifier.

9. ***(Avoir honte)*** : ....j'................................, n'est pas facile à dire.

34 L'EMPLOI DE : CE QUE, CE DONT, CE À QUOI

Dans une proposition relative,

- On emploie **ce que** avec un verbe se construisant avec un **complément d'objet direct**.
—— *Je veux ceci.* → *C'est **ce que** je veux.*

- On emploie **ce dont** avec un verbe se construisant avec la **préposition de**.
—— *Je parle **de** cela.* → *C'est **ce dont** je parle.*

- On emploie **ce à quoi** avec un verbe se construisant avec **la préposition à**.
—— *Je songe **à** ceci.* → *C'est **ce à quoi** je songe.*

───── E X E R C I C E S ─────

59 *Complétez les phrases suivantes en utilisant **ce que, ce dont, ce à quoi** comme il convient.*

—— *Je me charge **de** ceci.* → *Voici **ce dont** je me charge.*

1. Nous souhaitons ceci.

→ **Voici** ....

2. Elles se sont habituées à cela.

→ **Voilà** ....

3. Vous désirez cela.

→ **C'est** ....

4. Je suis attentif à ceci.

→ **C'est** ....

5. Il est responsable de cela.

→ **Voilà** ....

6. Vous avez souffert de ceci.

→ **C'est** ....

7. Elle tient beaucoup à cela.

→ **Voilà** ....

DONT ET L'ADJECTIF POSSESSIF

- **On dit :**
—— *Un acteur dont je reconnais **la** voix.*
*Un garçon dont j'ai eu **le** frère comme élève.*

Dont signifie **de lui, d'elle(s), d'eux**. Il marque l'appartenance et la possession. Il ne doit donc pas être suivi d'un adjectif possessif qui ferait **double emploi**.

- **Ne dites pas :**
—— *Un exercice dont je ne vois pas ~~son~~ intérêt.*

- **Dites :**
—— *Un exercice dont je ne vois pas **l'**intérêt.*

EXERCICES

5 *Remplacez les pointillés par le mot qui convient.*
—— *Des amis dont j'ai rencontré …**les**…. parents.*

Un film dont il a deviné …………..fin.

Une course dont il craint …………..longueur.

Un match dont nous regarderons …………..début.

Une équipe dont tu connais …………..entraîneur.

Un pays dont elle ne parle pas …………..langue.

Un climat dont elle redoute …………..rigueur.

Un jean dont vous appréciez …………..solidité.

Des efforts dont il reconnaît …………..nécessité.

Une cassette dont je connais parfaitement ………..contenu

*Indiquez si les phrases suivantes sont correctes (**C**) ou incorrectes (**I**). Corrigez quand c'est nécessaire.*
*Un animateur **dont** il apprécie **son** humour. (**I**)*
→ ***dont** il apprécie **l'**humour.*

60 *Même exercice.*
1. Ils ont horreur de cela. ***C'est*** …………………………… :
2. Je vais faire ceci. ***Voici*** …………………………… :
3. Tu n'as pas envie de cela. ***Voilà*** …………………… :
4. Il se souvient de cela. ***Voici*** …………………… :
5. Vous vous intéressez à cela. ***Voilà*** ………………… :
6. Elles n'aiment pas ceci. ***Voici*** …………………… :
7. Il est sensible à cela. ***Voilà*** …………………… :

61 *Remplacez les pointillés par l'expression qui convient.*
—— *Elle n'est pas sûre de …**ce qu'**… elle fera.*
*…**Ce dont** … il se souvient, est très vague.*
*C'est …**ce à quoi**… il contribue.*

1. ………………………elle s'attache est irréalisable.
2. J'ignore ………………………vous avez besoin.
3. Sais-tu ………………………il va faire ?
4. Voici ………………………elles souhaitent.
5. Dites-moi ………………………vous avez envie.
6. Imaginez ………………………ils ont dû s'habituer !
7. J'aimerais qu'on me raconte ………………………elle se réjouit.

62 *Même exercice.*
1. Je crois savoir ………………………………………tu t'attends.
2. Pouvez-vous nous dire ………………………ils sont capables ?
3. Je ne sais ………………………il faut retenir de leurs paroles.
4. …………………………………………je doute, c'est qu'il gagne.
5. Avouez-leur ………………………………………vous avez renoncé.
6. ………………………vous dites n'est pas nécessairement juste.

■ **En** est en général l'équivalent de *de lui, d'elle(s),*
   d'eux, de cela.
   —— *Il parle d'un film.* → *Il en parle.*

■ **Dont**, pronom relatif, est aussi l'équivalent de *de*
   lui, d'elle(s), d'eux, de cela.
   —— *Il parle d'un film.* → *Le film dont il parle.*

● **En** et **dont** ne doivent donc pas être employés
   l'un avec l'autre car les deux mots feraient alors
   double emploi.

E X E R C I C E S

63 *Indiquez si les expressions soulignées sont*
correctes (C) ou incorrectes (I). Corrigez-les quand
c'est nécessaire.

—— *Un spectacle **dont mon ami en dit** du bien.* **(I)**
   → ***dont mon ami dit ...***

1. Un jour ***dont on n'en voit pas*** la fin.
   → ....

2. Des observations ***dont il a déduit*** une loi.
   → ....

3. Une idée ***dont il en est convaincu***.
   → ....

4. Une faute ***dont il est aisé de s'accuser***.
   → ....

5. Un choix ***dont vous souhaitez vous abstenir***
   → ....

6. Des exemples ***dont il en résulte*** un modèle.
   → ....

7. Une course ***dont je m'en passerais*** bien.
   → ....

64 *Reliez les mots entre parenthèses au reste*
*phrase à l'aide du pronom relatif **dont**.*

—— *(Un projet). J'en ai parlé à mes amis.*
   → *Un projet **dont** j'ai parlé à mes amis.*

1. *(La mobylette).* Tu en as vraiment envie.
   → **La mobylette** ....*vrain*

2. *(Le dictionnaire).* Elle s'en sert.
   → **Le dictionnaire** ....

3. *(Une excursion).* Nous nous en souvenons a\
   → **Une excursion** ....

4. *(Un appareil).* Il en connaît bien le fonctionne\
   → **Un appareil** ....*le fonc*

5. *(Les vacances).* Elle s'en souviendra toujours\
   → **Les vacances**...........................

6. *(Une étude) .* On en conclut qu'elle est utile.
   → **Une étude**...........................*qu*

65 *Même exercice.*

1. *(Un ouvrage).* Vous en appréciez la clarté.
   → **Un ouvrage** ....

2. *(Un ami).* Ils en ont perdu la trace.
   → **Un ami** ....

3. *(Une planche à voile).* Tu en aimes la stab\
   → **Une planche à voile** ....

4. *(Un livre).* Personne n'en comprend le ser\
   → **Un livre** ....

5. *(Une recherche) .* Il en résultera un vaccir\
   → **Une recherche** ....

6. *(Une horloge) .* Il en vérifie le mécanisme\
   → **Une horloge** ....

1.
2.
3.
4.
5.
6.
7.
8.
9.

1. Un journal dont nous aimons son esprit. ....

→ ....

2. Un dictionnaire dont l'utilité est inconstestable. ....

→ ....

3. Un hôpital dont ses accès sont difficiles. ....

→ ....

4. Des bandes dessinées dont il aime les personnages. ....

→ ....

---

68 *Reliez les mots entre parenthèses au reste de la phrase à l'aide du pronom relatif* **dont**.

___ (La maison). *Vous voyez son toit.*

→ *La maison* **dont** *vous voyez le toit.*

1. *(Le personnage)*. On a raconté son histoire.

→ **Le personnage** ....

2. *(Des informations)*. Il faut vérifier leur exactitude.

→ **Des informations** ....

3. *(Une voiture)*. J'aime sa ligne moderne.

→ **Une voiture** ....

4. *(Un présentateur)*. J'ai oublié son nom.

→ **Un présentateur** ....

---

69 *Même exercice.*

1. *(Les actions)*. On reconnaît leur utilité.

→ **Les actions** ....

2. *(Un exercice)*. Je ne vois pas son intérêt.

→ **Un exercice** ....

3. *(Un film)*. Les critiques ont apprécié son scénario.

→ **Un film** ....

4. *(Un sportif)*. Son parcours est sans faute.

→ **Un sportif** ....

37 | À CAUSE DE ET PARCE QUE

À **cause** se construit avec **la préposition de** suivie d'un nom ou d'un pronom.
— *Je me couvre **à cause du froid**.*
*Elle est venue **à cause de toi**.*

• À **cause** ne se construit **jamais avec *que* ni avec un verbe**.

• **On ne doit pas dire :**
— *Il m'écrit à cause qu'il s'ennuie en vacances.*

Quand on veut employer **un verbe**, on utilise **parce que**.
— *Il m'écrit **parce qu'**il s'ennuie en vacances.*

EXERCICE

70 *Remplacez les pointillés par l'expression qui convient.*

— *Je ne peux pas sortir ...***à cause de***... mon travail.*
*Tu le sais ...***parce que***... je te l'ai dit.*

1. Elle ne l'a pas fait ....elle n'en a pas eu le temps.

2. Il y aura peu de fruits ....gelées tardives.

3. C'est ....elle m'a téléphoné que je l'ai su.

4. L'avion n'a pas pu décoller ....il y avait du brouillard.

5. Il a pris du retard ....la mauvaise visibilité.

6. Conduis prudemment ....verglas.

7. Ne m'attends pas ....je risque d'être en retard.

8. Ils ont mal dormi ....il y avait du bruit dans la rue.

9. Nous nous sommes réveillés ....l'orage.

10. Il a gagné ....il a un bon entraîneur.

8 BIEN QUE OU MALGRÉ ?

Bien que est toujours **suivi d'un verbe au subjonctif**.
—— *Bien qu'il soit* en retard, je l'attendrai.

Malgré est toujours suivi d'un nom.
—— *Malgré son retard*, je l'attendrai.

● **Ne dites pas :**
—— ~~Malgré qu'~~il soit en retard.

EXERCICES

71 *Récrivez les expressions soulignées en remplaçant* **bien que** *par* **malgré** *et* **malgré** *par* **bien que**.
Modifiez la suite de la phrase en conséquence.

—— Il est venu **bien qu'il ait plu**. → **Malgré** la pluie.
Je sortirai **malgré le froid**. → **Bien qu'**il fasse froid.

1. Elle travaille **malgré la chaleur**.

→ ....

2. Je continuerai **bien que ce soit difficile**.

→ ....

3. Il l'attendra **malgré l'heure tardive**.

→ ....

4. Tu y arriveras **malgré la difficulté**.

→ ....

72 *Même exercice.*

1. Ne perdons pas espoir **bien qu'il y ait une crise**.

→ ....

2. Marchons **malgré notre fatigue**.

→ ....

3. **Bien qu'il n'y ait pas de neige**, elles iront à la montagne.

→ ....

39 | EN ATTENDANT QUE ET JUSQU'À CE QUE SUIVIS DU SUBJONCTIF

> • **On dit :**
> —— *En attendant qu'il **pleuve**.*
> *Jusqu'à ce qu'il **fasse** froid.*
>
> ▉ Les conjonctions **en attendant que** et **jusqu'à ce que** se construisent **toujours avec le subjonctif**.
> —— *Je resterai chez moi **jusqu'à ce qu'il vienne**.*

EXERCICES

73 *À partir du verbe indiqué en tête de phrase, remplacez les pointillés par la forme qui convient.*

—— **(Être)**. *Je resterai jusqu'à ce que tu* …**sois**…. *calmée.*
(Arriver). *Je m'en occuperai en attendant que vous* ….**arriviez**….

1. *(Avoir envie)*. Que faire en attendant qu'il .... de sortir ?

2. *(Aller)*. Nous ne saurons rien jusqu'à ce qu'il y ....

3. *(Partir)*. Elle sera là jusqu'à ce que vous ....

4. *(Vouloir)*. Fais-le en attendant qu'elle ....bien le faire.

74 *Même exercice.*

1. *(Savoir)*. Elle vous questionnera jusqu'à ce qu'elle ....tout.

2. *(Prendre)*. Ne dis rien en attendant qu'ils .... une décision.

3. *(Dire)*. Jusqu'à ce qu'on me le ...., je n'agirai pas.

4. *(Apprendre)*. Nous t'aiderons en attendant que tu ....

BIEN QUE, POUR QUE, SANS QUE SUIVIS DU SUBJONCTIF

- **On dit :**
  Bien qu'il **pleuve**. Pour qu'il me **prévienne**. Sans qu'elle se **fasse** de souci.

■ **Bien que, pour que, sans que,** sont toujours **suivis d'un verbe au subjonctif.**

EXERCICES

75 *À partir du verbe indiqué entre parenthèses, remplacez les pointillés par la forme qui convient.*

(Avoir) : *Bien que tu* ...**aies**... *faim.*
(Faire) : *Sans qu'il* ...**fasse**... *des histoires.*

1. **(Promettre).** Bien qu'il ....de revenir.

2. **(Croire).** Pour que vous ....ce que j'affirme.

3. **(Voir).** Bien qu'elles y ....de mieux en mieux.

4. **(Aller).** Sans que nous y ....nous-mêmes.

5. **(Prendre).** Pour que vous ....soin d'elle.

6. **(Pleuvoir).** Bien qu'il ....presque tous les soirs.

7. **(Attendre).** Sans que tu ....trop longtemps.

---

76 *Même exercice.*

1. **(Venir).** Sans que vous ....tard.

2. **(Finir).** Bien qu'ils ....par le reconnaître.

3. **(Paraître).** Pour que vous ne ....pas trop émus.

4. **(Nuire).** Sans que cela ....à vos projets.

5. **(Être).** Bien qu'elle ....en retard.

6. **(Pouvoir).** Pour qu'il ....recommencer.

41 | AVANT QUE ET À MOINS QUE SUIVIS DU SUBJONCTIF

- **On dit :**
—— *À moins qu'il (ne) **m'appelle.***
*Avant qu'elle (ne) **recommence.***

■ **À moins que** et **avant que**, sont toujours suivis d'un verbe au **subjonctif.**

- À la forme affirmative, **avant que** et **à moins que** sont souvent suivis par un **ne** dépourvu de sens négatif.
—— *Avant que vous (**ne**) repartiez en voyage.*
*À moins que vous (**ne**) l'emportiez.*

- À la forme négative, on emploie bien sûr **ne ... pas**, comme il convient.
—— *À moins que vous **n'**en vouliez **pas**.*

EXERCICE

77 *À partir du verbe indiqué en tête de phrase, remplacez les pointillés par la forme qui convient.*

—— **(Vouloir)** : *À moins que tu ne le ...**veuilles**... pas.*
(Faire) : *Avant qu'elle (ne) le ...**fasse**....*

1. *(Pouvoir).* À moins que tu ne ....pas t'en charger.

2. *(Mourir).* Avant qu'elle ne ....

3. *(Finir).* À moins que vous ne ....de bonne heure.

4. *(S'apercevoir).* Avant qu'on ....de l'erreur.

5. *(Pleuvoir)* : Avant qu'il ne ....

6. *(Recevoir).* À moins que nous ne ....pas de nouvelles.

7. *(Dire).* Avant qu'elle ne ....la vérité.

8. *(Savoir).* À moins que tu ne le ....pas.

9. *(Comprendre).* Avant qu'il ne ....

AU CAS OÙ ET
QUAND BIEN MÊME
SUIVIS DU CONDITIONNEL

- **On dit :**
  ___ *Au cas où tu ne **viendrais** pas.*
  *Quand bien même tu **serais** retardé.*

■ Les conjonctions **au cas où** et **quand bien même**
se construisent **toujours avec le conditionnel**.

  ___ *Préviens-moi **au cas où elle t'écrirait**.*
  ***Quand bien même tu ne le ferais pas**, compte
  sur moi.*

═══════════════ E X E R C I C E S ═══════════════

78 *À partir du verbe indiqué en tête de phrase,
remplacez les pointillés par la forme qui convient.*

___ **(Pleuvoir)** : *Quand bien même il ...**pleuvrait**...., je sortirai.*
(Perdre) : *Au cas où tu le ...**perdrais**...., j'en ai un double.*

1. *(Pouvoir).* Au cas où il ne ....pas le faire,
je m'en chargerai.

2. *(Être).* Quand bien même ce ....vous,
je ne veux pas le savoir.

3. *(Marcher).* Quand bien même cela ....,
ce serait très risqué.

▬▬▬▬▬▬▬▬▬▬▬▬▬▬▬▬▬▬▬▬▬▬▬▬▬▬▬▬

79 *Même exercice.*

1. *(Avoir).* Au cas où nous l' .... déjà, nous
le laisserions.

2. *(Perdre).* Quand bien même vous ....,
ce serait une belle partie.

3. *(Échouer).* Au cas où tu ...., ne te
décourage pas.

4. *(Voir).* Au cas où vous ne la ....pas,
cherchez-la.

43 | PUISQUE SUIVI DE L'INDICATIF QUOIQUE SUIVI DU SUBJONCTIF

- **On dit :**
  —— Puisqu'il **fait** beau.

- **Et :**
  —— Quoiqu'il **fasse** froid.

■ **Puisque** se construit avec **l'indicatif**. Il exprime **la cause**.
  —— Je suis contente **puisque** tu **m'as téléphoné**.

■ **Quoique** se construit avec **le subjonctif**. Il exprime **l'opposition**. Il est synonyme de **bien que**.
  —— On l'écoute **quoiqu'il ait** manifestement tort.

EXERCICE

80 *À partir du verbe indiqué entre parenthèses, remplacez les pointillés par la forme qui convient.*

—— **(Avoir)** : Donne-m'en un puisque tu en …**as**…. deux
(Être) : Essaie, quoique ce …**soit**…. difficile.

1. **(Paraître)** : Puisqu'il ....satisfait, qu'il continue.

2. **(Pouvoir)** : Quoique vous ....le faire, cela reste difficile.

3. **(Pleuvoir)** : Puisqu'il ...., couvre-toi.

4. **(Aller)** : Quoique tu ....mieux, ménage-toi.

5. **(Connaître)** : Puisque vous les ...., dites-le leur.

6. **(Faire)** : On ne peut l'engager, quoiqu'il .... l'affaire.

7. **(Avoir fini)** : Puisqu'elle ...., qu'elle s'en aille.

8. **(Être arrivé)** : Quoique nous ....tôt, nous partirons tard.

> ■ Dans une subordonnée de condition introduite par
> **si**, on emploie **l'indicatif** pour exprimer la **condition**.
> —— *S'il faisait beau…*
>
> ● Seul le verbe principal se met au **conditionnel**.
> —— *S'il faisait beau, je sortirais.*

Eₓₑᵣcᵢcₑₛ

81 *À partir du verbe indiqué en tête de phrase,
remplacez les pointillés par la forme qui convient.*

—— **(Venir)** : *Si tu …venais…., je serais content.*
(Pouvoir) : *Si je …pouvais…., je viendrais volontiers.*

1. **(Pleuvoir)**. S'il ne ....pas, nous pourrions
aller nous baigner.

2. **(Être)**. Si la crise ....moins forte,
il y aurait moins de chômage.

3. **(Courir)**. S'il......................plus vite, il arriverait avant vous.

4. **(Vivre)**. Si elle ....ailleurs, sa vie serait plus facile.

5. **(S'entraîner)**. Si nous ....
suffisamment, nous pourrions gagner ce match.

82 *Même exercice.*

1. **(Aboutir)**. Si les négociations ...., la paix
reviendrait.

2. **(Avoir)**. Si le train n' ....pas de retard, j'aurais ma
correspondance.

3. **(Passer)**. Si je ....mon permis,
ma mère me prêterait sa voiture.

4. **(Se lever)**. Si le vent ....enfin,
nous irions faire de la planche à voile.

> • **On dit :**
> —— *Apporte-moi **ton livre**.*
>
> • **Et :**
> —— *Apporte-**le**-moi.*
>
> ▌ **Après** un **impératif,** lorsque deux pronoms se suivent, on **place** le pronom personnel complément d'objet direct immédiatement **après le verbe.**
> —— *Rends-moi **mon stylo**. → Rends-**le**-moi.*
>   COD   COD
>
> • **Ne dites pas :**
> —— *Donne-moi-le.*
>
> • **Dites :**
> —— *Donne-**le**-moi.*
>
> ▨ *ATTENTION !*
> Le verbe et les pronoms sont reliés par un **trait d'union**.

EXERCICE

83 *Dans les phrases suivantes, remplacez les noms soulignés par le pronom personnel correspondant et modifiez l'ordre des mots comme il convient.*

—— *Montrez-lui **votre travail**. → Montrez-**le**-lui.*

1. Ouvre-moi ***ta porte***. ....

2. Chante-moi ***cette berceuse***. ....

3. Passe-lui ***le ballon***. ....

4. Envoyez-lui ***son cadeau***. ....

5. Demandez-nous ***notre avis***. ....

6. Renvoie-moi ***l'ascenseur***. ....

7. Jouez-nous ***ce morceau***. ....

8. Offrez-lui ***ces bonbons***. ....

9. Cueillez-nous ***ces fleurs***. ....

- **On dit :**
— *Donne-moi un cahier.*

- **Et :**
— *Donne-m'en un.*

Quand le complément d'objet de l'impératif est le pronom **en**, il se place juste après le pronom complément d'attribution (= **moi, toi, lui, nous, vous, leur**).

Les pronoms **moi** et **toi** deviennent **m** et **t'**.
— *Dessine-moi un mouton.* → *Dessine-m'en un.*

- **Ne dites surtout pas :**
— *Dessine-moi z'en un.*

EXERCICE

84 *Dans les phrases suivantes, remplacez les noms soulignés par le pronom **en** et modifiez l'ordre des mots comme il convient.*

— *Envoie-moi **plusieurs récits**.* → *Envoie-**m'en** plusieurs*.

1. Garde-moi ***une place***. ....

2. Apporte-moi ***plusieurs livres***. ....

3. Achetez-moi ***un kilo d'oranges***. ....

4. Prends-toi ***un billet***. ....

5. Montrez-moi ***plusieurs photos***. ....

6. Écris-moi ***quelques lettres***. ....

7. Donnez-moi ***quelques idées***. ....

8. Ramène-moi ***quelques amis***. ....

9. Faites-moi ***plusieurs essais***. ....

10. Donne-toi ***une chance***. ....

11. Chante-moi ***une chanson***. ....

LE PARTICIPE PASSÉ : FAIT SUIVI DE L'INFINITIF

- **On dit :**
—— *Je les ai **fait** se rencontrer.*
*Elle s'est **fait** voler son portefeuille.*

■ Le participe **fait**, immédiatement **suivi d'un infinitif, ne s'accorde jamais**.

- **Ne dites pas :**
—— *C'est la robe qu'elle s'est faite faire.*

═══════ E X E R C I C E S ═══════

85 *Remplacez les pointillés par le participe à la forme qui convient.*

—— *Elles se sont* …**fait**… *couper les cheveux.*

1. Nous nous sommes ....tromper par le vendeur.

2. Elle les a .... chercher toute la nuit.

3. Nous les avons ....suivre.

4. Vous vous êtes ....applaudir par vos amis.

5. Elle s'est ....photographier.

6. Ils se sont ....bousculer dans la rue.

7. Vous les avez ....appeler ?

86 *Indiquez si les phrases suivantes sont correctes (**C**) ou incorrectes (**I**). Corrigez quand c'est nécessaire.*

—— *Elle s'est **fait** interpeller.* (**C**).
*Elles se sont **faites** agresser.* (**I**) → ***Fait**.*

1. Elle s'était fait voler son sac. ....

2. Tu t'es faite soigner. ....

3. Ils se seront faits emmener en voiture. ....

4. Vous êtes-vous fait faire une coupe ? ....

Quand on pose une question, on utilise :

- Soit la locution **est-ce que**.
  - *Pourquoi **est-ce que** tu es en retard ?*
    ***Est-ce que** le facteur est passé ce matin ?*

- Soit l'inversion du **pronom sujet**.
  - *Pourquoi es-**tu** en retard ?*
    *Le facteur est-**il** passé ce matin ?*

On ne doit en aucun cas mélanger les deux tournures.

- **Ne dites pas :**
  - ***Est-ce que** quelqu'un peut-̶ venir m'aider ?*

- **Dites :**
  - *Quelqu'un peut-**il** venir m'aider ?*

- **Ou :**
  - ***Est-ce que** quelqu'un peut venir m'aider ?*

════════════ EXERCICES ════════════

87 *Mettez les phrases suivantes à la forme interrogative de votre choix.*

___ *Il fera beau demain. → **Fera-t-il beau demain** ?*
   Ou : ***Est-ce qu'il fera beau demain** ?*

1. Vous aimez le cinéma. ....

2. Il est arrivé de bonne heure. ....

3. Tu attends quelqu'un.. ....

4. L'avion sera à l'heure. ....

5. Ils peuvent terminer ce soir. ....

6. L'autocar est déjà passé. ....

7. Elle conduit bien. ....

8. Tu m'as téléphoné hier. ....

9. Il a déjà oublié. ....

88 *Indiquez si les phrases suivantes sont correctes (**C**) ou incorrectes (**I**) et corrigez quand il le faut.*

— *Savez-vous planter les choux ? (**C**).*
Est-ce que *ce médecin est-**il** le vôtre ? (**I**).*
→ **Est-ce que** *ce médecin **est** le vôtre ?*
Ou : *Ce médecin **est-il** le vôtre ?*

1. Connais-tu mon pays ?

→..

2. Est-ce que ton frère sait-il conduire ?

→..

3. Est-ce que vous l'auriez reconnu ?

→..

4. Est-ce que l'orage a-t-il fait des dégâts ?

→..

5. Est-ce qu'il faut tout recommencer ?

→..

89 *Même exercice.*

1. Est-ce que ta cousine joue-t-elle au tennis ?

→..

2. Avez-vous très mal ?

→..

3. Est-ce que sa mère travaille-t-elle ?

→..

4. Est-ce que l'entraîneur est-il bon ?

→..

DE L'INTERROGATION DIRECTE À L'INTERROGATION INDIRECTE

■ Dans l'interrogation **directe**, la proposition interrogative est **indépendante** :
— *Pourquoi n'a-t-il pas été prévenu ?*

■ Dans l'interrogation **indirecte**, la proposition interrogative est **subordonnée** à la principale :
— *Je me demande **pourquoi il n'a pas été prévenu**.*

Transformation d'une interrogation directe en interrogation indirecte :

● **Qu'est-ce que** (ou **que**) devient **ce que**.
— *Qu'est-ce que tu vas faire ? Que vas-tu faire ?*
→ *Dis nous **ce que** tu vas faire.*

● **Est-ce que** (ou **la tournure inversée**) devient **si**.
— *Est-ce qu'il fera beau ? Fera-t-il beau ?*
→ *Je voudrais savoir **s'**il fera beau.*

● **Comment, où, qui, quel, pourquoi,** etc... restent **les mêmes**.
— *Où vas-tu ?* → *Dis-leur **où** tu vas.*
Comment te sens-tu ? → *Dis-moi **comment** tu te sens.*

EXERCICES

90 *Remplacez les pointillés par le terme qui convient pour l'interrogation indirecte.*

— **Est-ce que** *tu aimes le rap ?* → *Je me demande **si** tu aimes le rap.*
Comment *allez-vous ? Je voudrais savoir **comment** vous allez.*

1. ***Est-ce que tu aimes nager ?***
→ Je me demande ....tu aimes nager.

2. ***Comment font-elles ?***
→ Tu voudrais savoir ....elles font.

3. **Est-ce qu'il y a des places ?**
    → Demandez ....il y a des places.
4. **Qui a déjà dîné ?**
    → Je voudrais qu'on me dise ....a déjà dîné.
5. **Combien serez-vous ?**
    → Tâchez de me dire ....vous serez.

---

91 *Même exercice.*

1. **L'avez-vous vu ?**
    → Nous souhaitons savoir ....vous l'avez vu.
2. **Est-ce qu'il sera content ?**
    → Dis-moi ....il sera content.
3. **Où cache-t-il ses clefs ?**
    → J'ignore ....il cache ses clefs.
4. **Veut-elle du café ?**
    → Il lui demande ....elle veut du café.
5. **Est-il heureux ?**
    → Elle se demande ....il est heureux.
6. **Est-ce que cet arbre a gelé ?**
    → Dites-moi ....cet arbre a gelé.
7. **Qu'est-ce que vous dites ?**
    → Répétez ....vous dites.

---

92 *Même exercice.*

1. **Qu'est-ce que vous cherchez ?**
    → Dites-nous ....vous cherchez.
2. **Qui vient dîner ?** → Devine ....vient dîner.
3. **Qui a pu me téléphoner ?**
    → Je ne sais pas ....a pu me téléphoner.
4. **Qu'est-ce que je peux faire ?**
    → Je ne vois pas ....je peux faire.

64

O QU'EST-CE QUE... ?
ET CE QUE...

■ **Qu'est-ce que** s'emploie seulement dans l'interrogation **directe**, et seulement en **début de phrase**.
—— *Qu'est-ce que tu fais ?*

■ **Ce que** s'emploie dans l'interrogation **indirecte**, dans **le cours de la phrase**.
—— *Redis-moi ce que tu as fait.*

EXERCICES

93 *Remplacez les pointillés par les mots qui conviennent.*

—— *J'ignore* ...**ce que**... *je vais faire.*
...**Qu'est-ce que**... *je vais faire ?*

1. Vous savez ....elle m'a dit.
2. ....vous souhaitez faire dimanche ?
3. Ce jeune homme ignore ....sera sa vie d'adulte.
4. ....vous dites de ce projet ?
5. Je me demande ....tu vas faire.
6. Tu ne sais pas ....il y a dans ce paquet.

94 *Même exercice.*

1. ....c'est ? Je l'ignore.
2. Ne me demandez pas ....il a prévu de faire demain.
3. Elle s'interroge : " .... je vais devenir ?"
4. Tu n'imaginerais pas ....il est capable d'inventer.
5. ....vous voulez que j'y fasse ?
6. Devinez ....je vois.
7. ....il faut leur dire ? Je l'ignore totalement.

95 *Même exercice.*

1. Il se demande ....son frère va devenir.

2. Je me demande ....je vais inventer pour vous distraire.

3. Tu me demandes : " .... elle veut ?"

4. Je ne comprends pas ....tu fais.

5. Parlez plus fort : " ....vous voulez ?"

6. Tu te demandes ....nous allons devenir.

7. Indiquez-moi précisément : " .... vous désirez que je fasse ?"

8. Je ne sais pas bien ....elles espèrent.

---

96 *Indiquez si les phrases suivantes sont correctes (**C**) ou incorrectes (**I**) et corrigez quand il le faut.*

—— *Je ne sais pas **qu'est-ce que** je vais faire. (**I**)*
→ *Je ne sais pas **ce que** je vais faire.*

1. Comprenez-vous qu'est-ce qu'il lui est arrivé ?

   → ....

2. Vous vous demandez : "Qu'est-ce qu'il lui est arrivé ?"

   ► ....

3. Laisse-moi deviner qu'est-ce qu'elle a trouvé.

   ► ....

4. Nous voudrions savoir : "Qu'est-ce que nous pouvons faire pour vous ?" → ....

5. Savez-vous qu'est-ce qu'il reste à transporter ?

   ► ....

6. Dites-moi donc : "Qu'est-ce qu'il vaut mieux faire ?"

   ► ....

L'INTERROGATION INDIRECTE (1)

Dans l'interrogation **directe**, on met un **point d'interrogation** à la fin de la phrase.
—— *Où habite-t-il ?*

Dans l'interrogation **indirecte**, on **ne met pas** de **point d'interrogation** à la fin de la phrase.
—— *Je voudrais savoir où il habite.*

• Mais si le verbe principal dont dépend la proposition est à **la forme interrogative**, on garde bien sûr le **point d'interrogation**.
—— ***Savez-vous*** *où il habite ?*

EXERCICES

97 *À la fin des phrases suivantes, placez la ponctuation correcte : (.) ou (?).*

—— *Qui est absent aujourd'hui ?*
Dites-moi s'il y a des absents.

1. Quelle heure est-il…

2. J'aimerais savoir quelle heure il est à New York…

3. Je me demande pourquoi on a raccroché…

4. Quand reviendrez-vous nous voir…

5. Qu'est-ce qui s'est passé…

98 *Même exercice. Attention au verbe principal !*

1. Dites-moi si vous avez faim…

2. Savez-vous quel est le plus jeune…

3. Il voudrait bien savoir quand elle reviendra…

4. Sais-tu s'il a compris…

5. Vous ne m'avez pas dit quand vous commencez…

Dans l'interrogation **directe**, le pronom personnel
sujet se place **après** le verbe :
—— *Pourquoi as-**tu** sonné ?*

Dans l'interrogation **indirecte**, au contraire, **il n'y a
pas d'inversion** :
—— *Dis-moi pourquoi **tu** as sonné.*

───── E X E R C I C E S ─────

99 *Dans les phrases suivantes, indiquez si l'ordre de
mots est correct (**C**) ou incorrect (**I**). Corrigez quand
c'est nécessaire.*

—— *Dis-moi comment t'appelles-**tu**.* **(I)**
→ *Dis-moi comment **tu** t'appelles.*

1. Je me demande où vas-tu. ....

2. Vous savez à quelle heure ils arrivent. ....

3. Ils ne m'ont pas dit ce qu'il espèrent. ....

4. Elle aimerait savoir comment le film

s'est-il terminé. ....

100 *Même exercice.*

1. Tu ne m'as pas demandé quand je l'ai vu. ....

2. Ne me demandez pas combien sont-ils. ....

3. Tu ne m'as pas dit quand l'as-tu rencontré. ....

4. Je me demande qui connaissez-vous ici. ....

CORRIGÉS
DES EXERCICES

Exercice 1

1) Au supermarché 2) chez le teinturier 3) chez son père
4) chez le dentiste 5) au centre commercial
6) au stade 7) à cette soirée.

Exercice 2

1) Au cabinet médical 2) chez le coiffeur 3) chez le
boulanger 4) à la droguerie 5) au match de rugby
6) chez le marchand de fruits 7) au bureau de tabac.

Exercice 3

1) En Espagne 2) à Prague 3) en Chine
4) aux États-Unis 5) en Russie 6) au Burkina-Faso 7) à
Alger 8) en Provence 9) à Istanbul.

Exercice 4

1) au 2) la 3) le 4) les 5) les.

Exercice 5

1) **(I)**, les 2) **(I)**, la 3) **(C)** 4) **(I)**, les.

Exercice 6

1) Tout de suite 2) de suite 3) tout de suite 4) tout de
suite 5) tout de suite 6) de suite 7) tout de suite
8) de suite 9) tout de suite 10) de suite 11) tout de suite
12) de suite.

Exercice 7

1) du 2) de 3) de 4) du 5) de 6) de la 7) du 8) de
9) des 10) d' 11) de la 12) d'.

Exercice 8

1) Près d' 2) prêts à 3) près d' 4) près de 5) prêt(e) à.

Exercice 9

1) **(C)** 2) **(I)**, prêts à 3) **(C)** 4) **(C)** 5) **(I)**, prêt à (ou : près de).

Exercice 10

1) Il faut 2) il vaudrait mieux 3) il a fallu 4) ne vaudrait-il
pas mieux 5) il faudra.

Exercice 11

1) **(I)**, il vaut mieux 2) **(C)** 3) **C** 4) **(C)** 5) **(I)**, ne vaudrait-il
pas mieux.

Exercice 12

1) Tentent de 2) tend à 3) tentez de 4) tend à
5) tente de 6) tendent à 7) tenterons de.

Exercice 13

1) avez tenté d' 2) tend parfois à 3) tentent de
4) tend à 5) tendent à 6) tend à.

Exercice 14

1) Croient 2) croie 3) croient 4) croient 5) croient
6) croient.

Exercice 15

1) Voient 2) voient 3) voie 4) voient 5) voie 6) voie.

Exercice 16

1) **(C)** 2) **(I)**, soi-disant 3) **(I)**, soi-disant 4) **(C)** 5) **(C)**
6) **(I)**, soi-disant 7) **(C)** 8) **(I)**, soi-disant 9) **(I)**, soi-disant
10) **(I)**, soi-disant 11) **(I)**, soi-disant.

Exercice 17

1) Soi-disant 2) prétendue 3) soi-disant
4) prétendue 5) soi-disant 6) prétendue 7) soi-disant
8) Prétendu 9) soi-disant 10) prétendu 11) prétendu
12) prétendue.

Exercice 18

1) **(I)**, la même chose 2) **(I)**, de la même manière
3) **(C)** 4) **(C)** 5) **(I)**, la même chose 6) **(I)**, de la même
manière 7) **(C)** 8) **(C)** 9) **(I)**, de la même façon
10) **(I)** la même chose.

Exercice 19

1) Acquiert 2) acquiers 3) acquis 4) acquièrent
5) acquis 6) acquis 7) acquiert 8) acquis 9) acquièrent.

Exercice 20

1) Résolvent 2) résolu 3) résolvez 4) résout 5) résous
6) résolu 7) résolu.

Exercice 21

1) De 2) d' 3) à 4) d' 5) du 6) à.

Exercice 22

1) De 2) à 3) de 4) à 5) de 6) à 7) à.

Exercice 23

1) À 2) de 3) de 4) à 5) de 6) à 7) à.

Exercice 24

1) De 2) de 3) à 4) de 5) de 6) à.

Exercice 25

1) **(I)**, de 2) **(I)**, de 3) **(C)** 4) **(I)**, de 5) **(C)** 6) **(C)** 7) **(C)**.

Exercice 26

1) À 2) de 3) à 4) à 5) d' 6) de.

Exercice 27

1) De 2) à 3) à 4) de 5) de 6) de 7) à, à.

Exercice 28

1) De 2) à 3) à 4) de 5) de 6) à 7) de.

Exercice 29

1) De 2) à 3) d' 4) à 5) à 6) de.

Exercice 30

1) Soit des pommes, soit des poires 2) soit il accepte, soit il
refuse 3) soit en autobus, soit en métro 4) soit elle, soit lui

5) soit en clinique, soit à l'hôpital 6) soit oui, soit non 7) soit ce soir, soit demain.

Exercice 31

1) Aime 2) font 3) vont 4) se promène 5) connaît
6) se déguisent 7) rentre 8) finissent 9) paraît .

Exercice 32

1) Chacune a eu sa part 2) chaque homme a ses croyances
3) chacun reviendra avec ses amis
4) chacune utilisera son propre stylo 5) chacune a-t-
elle le sien ? 6) chacun a son mot à dire. 7) chacun sera
responsable de ses affaires 8) chaque jour apporte son lot
de peines et de joies 9) chacun est occupé à préparer son
sac 10) demandez à chacun quels sont ses projets.

Exercice 33

1) Son 2) ses 3) son 4) ses 5) sa 6) ses 7) son.

Exercice 34

1) Son 2) sa 3) ses 4) son 5) sa 6) son.

Exercice 35

1) Reviens 2) irons 3) suis 4) gagnons 5) sommes
6) avons 7) irai 8) ferai 9) prenons 10) faisons 11) ai obtenu.

Exercice 36

1) Nous, nous 2) nous, nous, nous 3) nous, nous
4) nous, nous 5) on, on, soi 6) nous, nous 7) nous, nous.

Exercice 37

1. Nous, notre 2) nous, nous, nos 3) nous, nos, nôtres
4) on, soi, son 5) nous, notre 6) nous, nous, nos
7) on, soi, son.

Exercice 38

1) Il n'a fait que son devoir 2) je ne t'écrirai qu'une fois 3)
elle n'y a passé que deux jours 4) vous n'arriverez que
demain 5) l'autocar ne passe que le matin 6) ce n'est que
le bruit de la mer 7) il n'est que trois heures 8) nous ne
sommes que le 27 mai 9) ils n'ont que quinze ans.

Exercice 39

1) Elle boit seulement de l'eau 2) elle ne parle que le russe
3) il écoute seulement du rock 4) nous n'aimons que le
cinéma 5) elles ne font que du ski de piste 6) vous vous
intéressez seulement aux
vacances.

Exercice 40

1) Tu ne te laves jamais les mains 2) nous n'y allons plus
3) ce jeu ne les tente guère 4) vous ne l'avez jamais
rencontré 5) je n'écoute personne 6) tu ne sais rien
7) il n'aime personne 8) elles ne verront rien

9) elle n'en parle jamais 10) il n'entend rien
11) je n'y crois guère 12) je n'y suis plus.

Exercice 41

1) On n'est pas pressé 2) on n'aura pas froid
3) on n'écoute pas 4) on n'a pas eu envie de revenir
5) on n'hésite pas.

Exercice 42

1) on n'entre pas 2) on n'imagine pas 3) on n'aime pas
4) on n'avait pas faim.

Exercice 43

1) **(I)**, on n'attend personne 2) **(C)** 3) **(I)**, on n'est pas là
4) **(C)** 5) **(I)** on n'oublie jamais
6) **(I)**, on n'a jamais eu aussi peur 7) **(I)**, on n'a pas soif
8) **(C)** 9) **(C)** 10) **(I)**, on n'a rien à faire
11) **(I)**, on n'y va pas sans toi 12) **(I)**, on n'entend rien.

Exercice 44

1) **(C)** 2) **(I)**, on n'a pas le temps 3) **(I)**, on n'y voit rien
4) **(C)** 5) **(C)** 6) **(I)**, on n'a jamais autant ri
7) **(I)**, on n'entrera pas 8) **(C).**

Exercice 45

1) Personne ne t'écoute 2) personne n'ouvrira
3) personne n'a vu 4) personne ne m'attend
5) personne n'est en bas.

Exercice 46

1) **(I)**, personne n'a été malade 2) **(C)** 3) **(I)**, personne n'a
eu soif 4) **(I)**, personne n'osera lui dire 5) **(C).**

Exercice 47

1) **(I)**, on croise 2) **(I)**, j'ai rencontré 3) **(C)** 4) **(I)**, vous
trouverez 5) **(I)**, on voit 6) **(I)**, on retrouve.

Exercice 48

1) Dont tu te méfies 2) qu'elle attend 3) dont je me
chargerai 4) dont il s'est accusé 5) que j'ai choisi pour
vous 6) dont je me félicite.

Exercice 49

1) Dont il a rougi 2) que nous redoutons 3) dont elles sont
dispensées 4) dont je vous ai avertis
5) qu'ils ont entrepris.

Exercice 50

1) Que 2) dont 3) qu' 4) qu' 5) dont

Exercice 51

1) dont 2) que 3) dont 4) que 5) dont.

Exercice 52

1) Auquel tu t'appliques 2) dont elles ont conscience 3) à
laquelle il vous invite 4) auxquelles elle est fidèle.

Exercice 53

1) Dont il vient 2) auxquels tu te dévoues 3) auquel c'est conforme 4) dont vous faites preuve 5) auquel il s'expose 6) dont il est enchanté 7) dont elles sont assurées.

Exercice 54

1) **(C)** 2) **(I)**, à laquelle 3) **(I)**, dont 4) **(I)**, auxquels 5) **(C)** 6) **(I)**, dont 7) **(C)** 8) **(I)**, auquel 9) **(C)** 10) **(C)**.

Exercice 55

1) Dont nous avons tous envie 2) dont les hommes ont peur 3) dont il a le goût 4) dont je n'ai pas honte 5) dont vous avez besoin 6) dont elle a soif.

Exercice 56

1) Dont tu as envie 2) dont il a la passion 3) dont elles n'ont pas besoin 4) dont elle a faim 5) dont ils ont le regret 6) dont nous n'avons pas peur 7) dont il a la garde 8) dont elle a honte.

Exercice 57

1) **(I)**, dont vous avez envie 2) **(C)** 3) **(I)**, dont il a besoin 4) **(C)**.

Exercice 58

1) Ce dont elle a l'air 2) ce dont tu as honte 3) tout ce dont vous avez besoin 4) ce dont vous avez peur 5) ce dont elle a envie ? 6) Ce dont il a peur 7) Ce dont nous avons envie 8) Ce dont vous avez le regret 9) Ce dont j'ai honte.

Exercice 59

1) Ce que nous souhaitons 2) ce à quoi elles se sont habituées 3) ce que vous désirez 4) ce à quoi je suis attentif 5) ce dont il est responsable 6) ce dont vous avez souffert 7) ce à quoi elle tient beaucoup.

Exercice 60

1) Ce dont ils ont horreur 2) ce que je vais faire 3) ce dont tu n'as pas envie 4) ce dont il se souvient 5) ce à quoi vous vous intéressez 6) ce qu'elles n'aiment pas 7) ce à quoi il est sensible.

Exercice 61

1) Ce à quoi 2) ce dont 3) ce qu' 4) ce qu' 5) ce dont 6) ce à quoi 7) ce dont.

Exercice 62

1) Ce à quoi 2) ce dont 3) ce qu' 4) ce dont 5) ce à quoi 6) ce que.

Exercice 63

1) **(I)**, dont on ne voit pas 2) **(C)** 3) **(I)**, dont il est convaincu

4) **(C)** 5) **(C)** 6) **(I)**, dont il résulte
7) **(I)**, dont je me passerais.

Exercice 64
1) Dont tu as 2) dont elle se sert 3) dont nous nous souvenons 4) dont il connaît bien 5) dont elle se souviendra 6) dont on conclut qu'elle est.

Exercice 65
1) Dont vous appréciez 2) dont ils ont perdu
3) dont tu aimes 4) dont personne ne comprend
5) dont il résultera 6) dont il vérifie.

Exercice 66
1) La 2) la 3) le 4) l' 5) la 6) la 7) la 8) la 9) le.

Exercice 67
1) **(I)** Dont nous aimons l'esprit 2) **(C)**
3) **(I)** dont les accès sont difficiles 4) **(C)**.

Exercice 68
1) Dont on a raconté l'histoire 2) dont il faut vérifier l'exactitude 3) dont j'aime la ligne moderne
4) dont j'ai oublié le nom.

Exercice 69
1) dont on reconnaît l'utilité 2) dont je ne vois pas l'intérêt
3) dont les critiques ont apprécié le scénario
4) dont le parcours est sans faute.

Exercice 70
1) Parce qu' 2) à cause des 3) parce qu' 4) parce qu' 5) à cause de 6) à cause du 7) parce que 8) parce qu'
9) à cause de 10) parce qu'.

Exercice 71
1) Bien qu'il fasse chaud 2) malgré la difficulté
3) bien qu'il soit tard 4) bien que ce soit difficile.

Exercice 72
1) Malgré la crise 2) bien que nous soyons fatigués
3) malgré l'absence de neige.

Exercice 73
1) Ait envie 2) aille 3) partiez 4) veuille.

Exercice 74
1) sache 2) prennent (ou : aient pris) 3) dise (ou : l'ait dit)
4) apprennes (ou : aies appris).

Exercice 75
1) Promette 2) croyiez 3) voient 4) allions 5) preniez
6) pleuve 7) attendes.

Exercice 76
1) Veniez 2) finissent 3) paraissiez 4) nuise 5) soit
6) puisse.

Exercice 77

1) Puisses 2) meure 3) finissiez 4) s'aperçoive 5) ne pleuve 6) recevions 7) dise 8) saches 9) comprenne.

Exercice 78

1) Pourrait 2) serait 3) marcherait.

Exercice 79

1) Aurions 2) perdriez 3) échouerais 4) verriez.

Exercice 80

1) Paraît 2) puissiez 3) pleut 4) ailles 5) connaissez 6) fasse 7) a fini 8) soyons arrivés.

Exercice 81

1) Pleuvait 2) était 3) courait 4) vivait 5) nous entraînions.

Exercice 82

1) Aboutissaient 2) avait 3) passais 4) se levait.

Exercice 83

1) Ouvre-la-moi 2) chante-la-moi 3) passe-le-lui
4) envoyez-le-lui 5) demandez-le-nous 6) renvoie-le-moi
7) jouez-le-nous 8) offrez-les-lui 9) cueillez-les-nous.

Exercice 84

1) Garde-m'en une 2) apporte-m'en plusieurs
3) achetez-m'en un 4) prends-t'en un 5) montrez-m'en plusieurs 6) écris-m'en quelques-unes 7) donnez-m'en quelques unes 8) ramenez-m'en quelques uns 9) faites-m'en plusieurs 10) donne-t'en une 11) chante-m'en une.

Exercice 85

Fait est la réponse correcte pour toutes les phrases.

Exercice 86

Fait est la réponse correcte pour toutes les phrases.

1) **(C)** 2) **(I)** tu t'es fait soigner
3) **(I)** fait emmener en voiture 4) **(C)**.

Exercice 87

1) Aimez-vous ? ou : est-ce que vous aimez ? 2) Est-il arrivé ? ou : est-ce qu'il est arrivé ? 3) Attends-tu ? ou : est-ce que tu attends ? 4) L'avion sera-t-il ? ou : est-ce que l'avion sera ? 5) Peuvent-ils ? ou : est-ce qu'ils peuvent ? 6) L'autocar est-il déjà passé ? ou : est-ce que l'autocar est déjà passé ? 7) Conduit-elle bien ? ou : est-ce qu'elle conduit bien ? 8) M'as-tu téléphoné ? ou : est-ce que tu m'as téléphoné ? 9) A-t-il déjà oublié ? ou : est-ce qu'il a déjà oublié ?

Exercice 88

1) **(C)** 2) **(I)**, Est-ce que ton frère sait ? ou : ton frère sait-il ?
3) **(C)** 4) **(I)**, Est-ce que l'orage a fait ? ou : l'orage a-t-il fait ?
5) **(C)**.

Exercice 89

1) **(I)**, Est-ce que ta cousine joue ? ou : ta cousine joue-t-elle ? 2) **(C)** 3) **(I)**, Est-ce que sa mère travaille ? ou : sa mère travaille-t-elle ? 4) **(I)**, Est-ce que l'entraîneur est bon ? ou : l'entraîneur est-il bon ?

Exercice 90

1) Si 2) comment 3) s' 4) qui 5) combien.

Exercice 91

1) Si 2) s' 3) où 4) si 5) s' 6) si 7) ce que

Exercice 92

1) Ce que 2) qui 3) qui 4) ce que.

Exercice 93

1) Ce qu' 2) Qu'est-ce que 3) ce que
4) Qu'est-ce que 5) ce que 6) ce qu'.

Exercice 94

1) Qu'est-ce que 2) ce qu' 3) Qu'est-ce que 4) ce qu'
5) Qu'est-ce que 6) ce que 7) Qu'est-ce qu'.

Exercice 95

1) Ce que 2) ce que 3) Qu'est-ce qu' 4) ce que
5) Qu'est-ce que 6) ce que 7) Qu'est-ce que 8) ce qu'.

Exercice 96

1) **(I)**, Ce qu'il 2) **(C)** 3) **(I)**, ce qu'elle 4) **(C)** 5) **(I)**, ce qu'il
6) **(C)**

Exercice 97

1) ? 2) . 3) . 4) ? 5) ?

Exercice 98

1) . 2) ? 3) . 4) ? 5) .

Exercice 99

1) **(I)**, où tu vas 2) **(C)** 3) **(C)** 4) **(I)**, comment le film s'est terminé.

Exercice 100

1) **(C)** 2) **(I)**, combien ils sont 3) **(I)**, quand tu l'as rencontré
4) **(I)**, qui vous connaissez ici

Les chiffres renvoient aux numéros des leçons

COORDINATION ÉDITORIALE : ALAIN-MICHEL MARTIN
MAQUETTE : ALAIN BERTHET

LITTÉRATURE

Imprimé en France par l'Imprimerie Hérissey - 27000 Évreux
Dépôt légal : 15304-03-1996 - N° d'impression : 72487

THE MYSTERY
OF THE CUPBOARD

The cupboard, white and shiny with its new mirror and coat of paint, stood in the wreckage of the brown paper looking somehow like a tiny building rising out of mounds of rubble and earth. Omri opened the door and reverently picked up the envelope in which he had sealed the key.

He tore it open and drew the key out by its twisted and faded bit of red satin ribbon.

He could see now that it was not silver, but lead, and lead was soft. Perhaps its softness, its flexibility, was why it worked on different locks.

Would it work on the cashbox?

Omri fetched it from under his bed. It was painted black, with gold and red lines, and the red blob of sealing wax in the middle gave it a bizarre look.

"Now," thought Omri. He felt breathless with suspense. He put the key in the lock and turned it.